AF247921

DE L'ACTION ÉLECTORALE DU CLERGÉ

# RÉPONSE

D'UN

## ANCIEN VICAIRE PÉRIGOURDIN

A LA LETTRE

## D'UN VIEUX CURÉ AUSCITAIN

PRIX : 50 CENTIMES

# DE L'ACTION ÉLECTORALE DU CLERGÉ

---

# RÉPONSE

D'UN

## ANCIEN VICAIRE PÉRIGOURDIN

A LA LETTRE

## D'UN VIEUX CURÉ AUSCITAIN

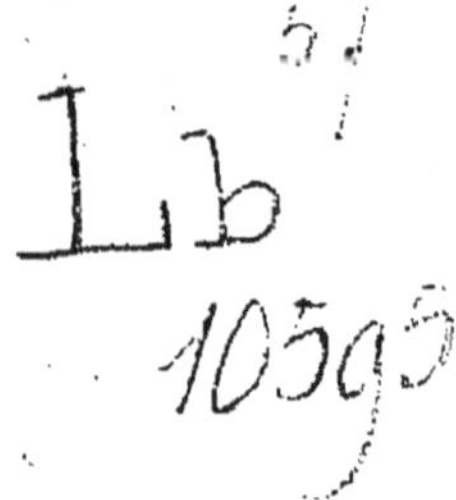

# RÉPONSE

## D'UN ANCIEN VICAIRE PÉRIGOURDIN

### A LA LETTRE

## D'UN VIEUX CURÉ AUSCITAIN

Dernièrement, dans le train, au retour d'un pèlerinage à Lourdes, un ecclésiastique, encore assez jeune, me remit une petite brochure, « fort bien écrite, me dit-il, et fort bien pensée, par un curé du diocèse d'Auch. » Elle a pour titre : *De l'action électorale du Clergé.* Mon aimable compagnon de voyage oublia de me laisser son nom. Je ne puis donc lui transmettre mes impressions.

Ne connaissant pas davantage l'auteur de la plaquette, je demande à la presse de leur porter la réponse d'un ancien vicaire, maintenant vieux curé, au diocèse de Périgueux.

## I.

Vénéré Confrère,

Êtes-vous bien un Confrère?

Vous avez une manière, toute laïque, de commenter et de traduire la Sainte Écriture.

Vous paraissez ignorer les récents enseignements du Pape sur les Devoirs des Chrétiens.

Votre façon d'écrire est peut-être originale; elle ne trahit point un homme d'église.

Pour ces motifs et plusieurs autres, j'ai peine à croire que la brochure *De l'action électorale du Clergé* soit sortie d'une plume sacerdotale. Mais passons.

Vous êtes un vieux curé, vous avez écrit cette brochure, vous avez bien fait de ne pas la signer.

Vous appartenez, m'a-t-on dit, au diocèse d'Auch. Puisque vous teniez à le produire, vous avez bien fait de ne pas soumettre votre travail à votre archevêque.

Il vous eût refusé l'*imprimatur*.

Nous savons en Périgord, comme on le sait en Gascogne, que votre vénérable archevêque n'a d'autre pensée que celle du Pape; la vôtre en est l'antithèse.

Il a adhéré sans restriction à la réponse du cardinal archevêque de Paris. Il est donc avec cet éminent prélat pour l'action, l'action énergique de tous les catholiques, prêtres et fidèles, et celle-là « aussi ardente que possible. » Votre lettre est une invitation qui restera heureusement sans écho à l'inaction du clergé.

Ne vous récriez pas. Vous avez écrit pour ne rien dire ou vous avez voulu persuader au clergé qu'il ne doit absolument rien faire.

Pour mieux le prouver, je vais vous suivre pas à pas, en m'efforçant de mettre en lumière votre doctrine, d'ailleurs fort confusément exposée.


## II.


— « Le clergé doit-il voter? Est-il appelé à une influence électorale?

« Citoyen, le prêtre a le même droit que ses concitoyens.

« En démocratie, le vote n'est-il pas un des actes sociaux les plus importants, dès lors un de ceux sur lesquels le clergé doit le plus répandre la lumière évangélique?... Le sort du pays dépendant des élections, le clergé a le droit et le devoir d'exercer sur elles le plus d'influence possible. »

C'est très bien, et tous les évêques sont d'accord avec vous sur ce point : « Le clergé a le droit et le devoir d'exercer sur les élections le plus d'influence possible. »

Voyons maintenant comment vous entendez l'exercice de cette influence.

« Serait-ce par l'action directe du clergé sur les élections?... Devons-nous entrer dans les intrigues électorales, recommander nos candidats en particulier et en public, et accentuer aux yeux de tous nos préférences et nos antipathies? »

Voilà qui est bien acquis, n'est-ce pas? Vous ne voulez pas de l'action directe du clergé sur le suffrage universel.

Que cette action soit générale, qu'elle soit partielle... « d'ordinaire elle ne manquerait pas de produire des désordres en rapport avec son étendue... Le Concordat serait immédiatement abrogé... Les ennemis de la religion... soulèveraient contre nous les passions populaires... Nous serions des fléaux pour l'Église et pour la Patrie... »

Voyons, cher Confrère, ne confondons pas toutes choses à plaisir. Vous avez écrit tout à l'heure que « le prêtre a le même droit que ses concitoyens. Il a donc, en principe, le droit de se mettre à la remorque d'un parti pour le bien de l'Église et de la Patrie.

« Nous avons, dit M<sup>gr</sup> l'archevêque d'Aix, le droit et le devoir d'avoir nos convictions personnelles et de travailler à les faire prévaloir dans la mesure de nos forces et de notre influence en vue du bonheur de notre pays. Oui, nous les fils, pour la plupart, de petits agriculteurs, de paysans, d'artisans, en ce temps de démocratie nous avons le droit et le devoir de nous intéresser au bon gouvernemeut de notre pays, à la bonne gestion de ses affaires, de ses finances qui sont les nôtres et celles de nos familles, comme celles de tous autres. »

Le droit est donc bien pour nous, et vous ne le contestez pas.

Vous voulez que le devoir consiste à ne pas user de ce droit, « de peur que la lutte n'exaspère les méchants[1]. »

Prenez garde ! J'ai traduit votre pensée par la parole de Léon XIII. Et le Saint-Père dit de ceux qui, comme vous, « pensent qu'il n'est pas opportun de résister de front à l'iniquité puissante et dominante : »

« Rien n'est moins propre à diminuer les maux « qu'une semblable prudence. En effet, le dessein « arrêté des ennemis, et beaucoup d'entre eux ne

---

1. *Encycl.* : Des principaux devoirs des chrétiens.

« craignent pas de s'en expliquer et de s'en glorifier
« ouvertement, c'est d'opprimer la religion catholi-
« que, la seule véritable. Pour réaliser un tel des-
« sein, il n'est rien qu'ils n'osent tenter; car ils
« savent très bien que plus ils feront trembler leurs
« adversaires et plus ils auront de facilité pour exé-
« cuter leurs perverses entreprises. Par conséquent,
« ceux qui aiment la prudence de la chair et qui font
« semblant d'ignorer que tout chrétien doit être un
« vaillant soldat du Christ; ceux qui prétendent obte-
« nir les récompenses dues aux vainqueurs en vivant
« comme des lâches et en s'abstenant de prendre part
« au combat : ceux-là non seulement ne sont pas ca-
« pables d'arrêter l'invasion de l'armée des méchants,
« mais ils secondent ses progrès[1]. »

Il n'est pas facile de voir comment nous serons de
vaillants soldats du Christ si nous n'agissons pas
directement pour lui.

Il n'est pas facile de voir comment nous pourrons
arrêter l'invasion de l'armée des méchants si nous
ne l'attaquons pas de front.

1. *Encycl.* déjà citée.

### III.

Vous dites que « le suffrage universel est le souverain de notre temps ; il en fixe les destinées..... »

Vous vous demandez « comment il combat d'ordinaire nos idées, qui sont cependant celles de la France. »

Vous affirmez que nous sommes battus...

Où donc avez-vous vu cela ? Où avez-vous vu que nous ayons essayé simplement de nous faire battre ?

Qu'avons-nous fait depuis quinze ans pour amener à nous, à nos idées le suffrage universel « ce souverain qui fixe nos destinées ? »

Qu'avons-nous fait pour l'éclairer, pour le moraliser, pour lui faire accepter nos idées « qui sont cependant celles de la France ? »

Avons-nous dit seulement que voter mal est un péché ?

Avons-nous énergiquement protesté quand on a chassé Dieu de la Constitution d'abord et ensuite de l'Ecole ?

Vous en conviendrez, cher Confrère, les crimes commis depuis dix ans au nom du suffrage universel sont mille fois plus abominables que le crime de Théodose qui fit se dresser devant lui le courageux saint Ambroise.

Eh bien ! où sont-ils les Ambroise qui se sont mis bien en face du suffrage universel pour l'éclairer, pour le purifier, pour le diriger ?

Il y en a eu quelques-uns, bien peu : honneur à eux ! on les a persécutés... ils étaient de la race des martyrs.

Mais, en général, qu'avons-nous fait ? Rien ou presque rien.

Nous nous sommes imposé des sacrifices pour donner aux enfants des villes et de quelques centres l'enseignement chrétien ; nous n'avons rien fait pour détourner l'enfant du village et des campagnes de l'école sans Dieu.

On a supprimé le traitement d'un grand nombre de nos frères qui ne savaient se condamner au rôle de chiens muets. Nous avons fait des protestations platoniques, partielles ; et, comme il fallait s'y attendre, elles n'ont eu d'autre résultat que d'encourager de nouvelles entreprises contre nous.

On nous prend, on nous supprime chaque année au budget quelque chose de notre patrimoine... et nous nous taisons.

On paralyse de plus en plus nos moyens d'action et nous gardons le silence.

On empoisonne les âmes de nos fidèles ; on multiplie autour de nous les moyens de déchristianisation et nous ne protestons plus.

Il faut, cher Confrère, que vous viviez bien solitaire pour ne pas savoir que vos conseils étaient suivis avant la lettre.

Il y a belles lunes que le clergé a renoncé à toute action pouvant amener, même de très loin, la suppression du Concordat.

Si cela continue, il n'y a pas à craindre que vos oreilles de vaillant apôtre se dressent frémissantes aux cris de : « Vive la Révolution ! A bas l'ancien régime ! » provoqués par l'action du clergé.

Vous n'avez pas à commencer des barricades autour de votre porte pour vous garantir « des passions populaires » soulevées par l'action du clergé.

Rassurez vos amis, nous n'avons pas compromis « notre caractère et notre mission dans les luttes des partis. »

Mais dites-moi, qu'avons-nous gagné à renoncer à l'action, à cette action que nous pouvions très bien entreprendre et que nous entreprendrons demain, — si Dieu veut sauver la France, — sans nous mettre « à la remorque humiliante des partis ? »

Qu'avons-nous sauvé ?

Qu'avons-nous garanti contre les entreprises certaines d'un avenir prochain ?

Rien ! Rien ! Rien !...

Et nous avons perdu beaucoup de notre prestige...
Qu'est devenu, dans l'esprit des populations, le prêtre
français?

Je voudrais le taire, mais il faut tout dire.

Quand l'un de nous se montre tant soit peu énergique dans ses actes, ferme en son langage, de toute
part s'élève ce cri : En voilà un qui n'a pas peur!...
Que pense donc le peuple des autres ?

S'il est simple vicaire ou curé, ce prêtre, qui appa-
raît comme un vaillant, on dit de lui : Il ne sera
jamais doyen... S'il est doyen, archiprêtre, vicaire
général, on prédit qu'il ne sera point évêque... S'agit-
il d'un évêque, d'un archevêque, on proclame qu'il
ne veut pas monter plus haut...

Et ainsi s'accrédite, au sein de nos populations,
hier encore si respectueuses, l'ignoble et dégoûtante
légende que plus on monte les degrés de la sublime
hiérarchie, plus on est petit.

Et qu'on ne s'y trompe pas : cette légende si humiliante pour le grand, noble et généreux clergé français, se colporte à l'étranger.

Belges, Hollandais, Allemands, qui furent si vaillants dans la lutte, ne savent s'expliquer au-
trement ce qu'ils appellent la platitude du clergé
français.

Vous les trouvez barbares, n'est-ce pas, mon doux
Confrère? J'avoue que c'est fort désagréable d'être

traité ainsi ; j'avoue aussi que nous l'avons bien mérité.

Oui, nous avons manqué à notre devoir.

Oui, nous avons manqué de vertu et de courage.

Oui, nous pouvions arrêter en notre pays la marche sans cesse envahissante des sectes antichrétiennes, et nous ne l'avons pas essayé.

Sans nous mettre à la remorque des partis, sans entrer dans les intrigues électorales, nous pouvions user de notre influence par une action électorale directe.

## IV.

Qu'avions-nous à faire pour cela ? Nous rappeler que nous sommes envoyés par le Christ pour enseigner tout ce que veut, tout ce que commande le Christ, toute la morale de Jésus-Christ.

Par conséquent, nous devions agir et parler avec toute la liberté, toute l'énergie, tout le courage qui conviennent à de vaillants capitaines qui sont en ce monde pour soutenir les bons combats du Seigneur.

Arrière cette prudence qui n'est autre que celle de la chair, qui voudrait que nous ne parlions à l'électeur de ses devoirs d'électeur chrétien qu'en dehors de notre ministère, et encore avec la plus extrême réserve !

S'agit-il, oui ou non, des intérêts de Dieu, des intérêts de l'Église, des intérêts des âmes, des intérêts de la patrie française?

Il nous faut donc lutter et combattre non seulement comme citoyens, mais encore comme ministres de Dieu.

Mais si je crois qu'il est bon, excellent même, que le prêtre, dans sa vie et son action de ministre de la religion, se tienne en dehors et au-dessus de tous les partis, je crois aussi que « dans ce déluge universel d'opinions, c'est la mission de l'Église de protéger la vérité et d'arracher l'erreur des âmes, et cette mission, elle la doit remplir saintement et toujours; car à sa garde ont été confiés l'honneur de Dieu et le salut des hommes[1]. »

Et vous voudriez, vénéré Confrère, ne pas agir comme ministre de Dieu, quand le Souverain-Pontife déclare que « chacun est tenu de manifester publiquement sa foi soit pour instruire et encourager les autres fidèles, soit pour repousser les attaques des adversaires[2]? »

Vous voudriez ne pas user de tous les moyens pour instruire, éclairer l'électeur chrétien sur ses devoirs de citoyen, quand le vénérable Archevêque de Paris

---

1. *Encycl.* déjà citée.
2. *Ibid.*

vient de pousser ce douloureux cri : « La foi chrétienne est en péril en France ! »

Voulez-vous reculer devant l'ennemi et garder le silence lorsque de toute part s'élèvent de telles clameurs contre la vérité ?

Une telle conduite est honteuse et elle fait injure à Dieu ; elle est incompatible avec le salut de chacun et avec le salut de tous. Elle n'est avantageuse qu'aux seuls ennemis de la foi, car « rien n'enhardit autant l'audace des méchants que la faiblesse des bons[1]. »

Quoi, mon cher Confrère, vous voulez réduire à néant l'action du clergé à l'heure même où le Souverain-Pontife veut « que chacun se souvienne qu'il peut, qu'il doit répandre la foi catholique par l'autorité de l'exemple et la prêcher par la profession publique et constante des obligations qu'elle impose[2] ? »

La foi impose-t-elle oui ou non de voter selon les intérêts de Dieu et de la Patrie ? La foi impose-t-elle l'obligation de défendre ces intérêts quand [ils sont attaqués ? La foi impose-t-elle de refuser obéissance aux lois mauvaises ?

Qui donc a mission, si ce n'est le prêtre, de le faire comprendre aux fidèles ? Qui donc fera luire aux yeux

1. *Encycl.*
2. *Ibid.*

de leur conscience la lumière qui doit dissiper l'ignorance que les sectes exploitent depuis trop longtemps
au grand préjudice de Dieu, de l'Église et de la Patrie?

Oh! c'est le moment ou jamais de se souvenir de la
recommandation de l'Apôtre : « Prêche la parole,
insiste à temps et à contre-temps, reprends, supplie,
menace en toute patience et doctrine[1]. »

D'ailleurs, dirai-je avec le Souverain-Pontife :
« Souvent il faudrait bien peu de chose pour réduire
à néant les accusations injustes et réfuter les opinions erronées... On serait toujours assuré d'avoir
raison[2]. »

Ne serait-on pas assuré d'avoir raison avec cette
multitude de chrétiens de nos campagnes qui dépo-
sent d'une manière absolument inconsciente leur bul-
letin de vote?

Ne sachant rien des entreprises de la secte contre
les intérêts religieux qui leur sont chers, ils votent
contre leurs propres sentiments parce qu'on les
trompe.

Et vous ne ferez rien pour les éclairer?

Votre devoir est de détruire toute ignorance vinci-
ble, vous le savez; et vous ne voulez rien faire pour
empêcher ces amis de Dieu de voter pour le diable!...

1. II Tim., IV, 2.
2. *Encycl.*

## V.

On n'a rien fait ou presque rien : vous voulez que l'on fasse moins encore. Qu'on en juge :

« Où donc est l'action électorale du clergé !......
Sanctifions-nous. Voilà notre grande influence et la source du salut des peuples... Restons sur les sommets d'où nous devons attirer les bénédictions sur le monde. Agissons sur les hommes en les éclairant, en les édifiant, surtout en priant pour eux ; et devenus meilleurs, ils obéiront à leur conscience en votant pour les plus dignes ; ils marcheront avec nous d'autant plus volontiers que nous les y engagerons moins ; notre sainte vie et les vertus que nous aurons inspirées seront la plus décisive des influences électorales. »

Si vous n'aviez dit que cela, on pourrait y souscrire ; car il est incontestable que plus nous serons saints, plus nous serons le sel de la terre et la lumière du monde.

Si vous n'aviez dit que cela et même ce qui suit — vous conviendrez que je suis fort conciliant : — « Pour l'acquérir (l'influence électorale) nous n'aurons rien fait, ni même rien dit : elle rayonnera de notre vie comme la lumière rayonne du soleil, » on pourrait à la rigueur croire que vous ne visez que les intrigues électorales.

On pourrait d'autant plus souscrire à votre thèse que vous vous étendez ensuite sur la nécessité « de la grande union religieuse dont nous devons être les fondateurs. Le catholicisme est bien au-dessus de tous les partis. »

Vous en êtes si bien convaincu que « ces termes de parti catholique » vous paraissent « aussi contraires à la grammaire qu'à l'esprit de l'Église. »

Cher Confrère, laissez-moi vous le dire, vous avez tort de juger, ne serait-ce qu'en passant, des questions de grammaire. Vous êtes écrivain et même écrivain fort original. Eh bien! de nombreux et grands écrivains ont admis « ces termes de parti catholique, » et ni le bon sens ni la grammaire ne leur en firent jamais un reproche.


## VI.


Vous proclamez, avec infiniment de raison, « que la réponse aux problèmes soulevés par la Révolution, la Démocratie et le Socialisme... est dans la religion. »

Vous ajoutez : « Les adhésions ou les oppositions à

la République ou à la Monarchie n'ont qu'une importance secondaire. »

L'expression n'a-t-elle pas ici dépassé votre pensée ? Je trouve que vous allez un peu loin dans votre affirmation.

Sans doute, « le véritable duel n'est pas entre ces formes gouvernementales... il est entre l'Église et la Franc-Maçonnerie. »

C'est vrai cela ; mais s'il est prouvé, et ne semble-t-il pas que les faits travaillent sans cesse à constituer cette preuve, s'il est prouvé que la Franc-Maçonnerie, cette entité diabolique, s'est incarnée dans la République, il faudra bien lutter pour renvoyer, corps et âme, ce monstre antichrétien dans l'enfer qui l'a vomi.

Bien que je ne sache pas voyager, comme vous, « dans la région des idées ni dans la région des personnes, » il peut, ce me semble, paraître à de bons et sérieux esprits que la forme de gouvernement est d'une extrême importance.

Combien aujourd'hui qui, sans cesser d'être catholiques avant tout, chercheront, dans l'intérêt même de la religion, « à introduire dans les faits les idées qu'ils estiment devoir contribuer plus efficacement que les autres au bien général... Dans la politique inséparable des lois de la morale et des devoirs religieux, on doit toujours, et en premier chef, se préoc-

cuper de servir le plus efficacement possible les intérêts du catholicisme[1]. »

Quand des évêques, pour mieux atteindre ce but,
ont cru devoir adhérer à la République, espérant lui
enlever la défroque franc-maçonne et l'habiller en
religieuse..., n'ont-ils pas, par le fait même, déclaré
également sage la conduite des hommes politiques
qui considèrent comme nécessaire de faire pénétrer
dans les masses l'idée du retour à la monarchie, à
cette monarchie qui veut être chrétienne ou ne pas
être?

Prêtres, n'entrons pas, si vous le voulez, dans cette
voie, restons en dehors de ces luttes, faisons taire
nos préférences, mais ne prêchons pas, ne pratiquons
pas l'indifférence politique.

Ne nous annihilons pas comme citoyens : de ce
chef nous avons, vous l'avez reconnu, des droits et
des devoirs.

Travaillons à unir toutes les forces chrétiennes
sans décourager ni blâmer ceux qui, venant combattre avec nous, voudraient aussi assurer le lendemain de la victoire.

Dieu nous donnera sans doute ce lendemain après
les rudes labeurs de la lutte.

Mais n'est-il pas permis de vouloir préparer, par

---

1. *Encycl.*

un surcroît de labeur, les institutions politiques où nos libertés chrétiennes reconquises seraient à l'abri de nouvelles atteintes? N'est-il pas permis de regretter que la lutte s'engage avant que par le sacrifice de quelques-uns, l'entente de tous, il soit possible de montrer aux masses populaires ce tutélaire abri?

Il y a d'autres principes que les principes religieux dont l'oubli ou le mépris est fatal aux nations.


## VII.


Il faut donc, d'après vous, agir « sur les hommes en les éclairant, en les édifiant, surtout en priant pour eux, et, devenus meilleurs, ils obéiront à leur conscience en votant pour les plus dignes. »

Voilà ce que vous appelez l'action électorale indirecte.

Mais cette action s'impose aux prêtres de tous les temps et de tous les lieux.

Que la foi soit en péril ou que rien ne la menace, le prêtre sait qu'il doit agir sur les hommes en les éclairant, en les édifiant, surtout en priant pour eux.

Les prêtres du temps de saint Louis, ceux du règne

de Louis XIV, qui ne visaient pas, que je sache, à une action électorale quelconque, visaient cependant à agir sur les hommes en les éclairant, en les édifiant, en priant pour eux.

L'action que vous conseillez n'est pas une action de circonstance.

Toujours nous devons « être le sel de la terre et la lumière du monde ; » toujours nous avons cru que notre propre sanctification assurerait « la fécondité de notre ministère ; » toujours nous avons été convaincus que « pratiquer de plus en plus les vertus sacerdotales était le moyen d'y trouver pour les autres et pour nous la lumière et la force. »

Oseriez-vous dire que cette action, puisque action il faut l'appeler, n'est pas celle de tous vos confrères en général ?

« Comment, m'écrierai-je avec vous, nous avons en France cent mille chaires autour desquelles les foules nous écoutent à genoux ; nous avons des multitudes d'écoles, de journaux et de revues d'où notre parole retentit partout ; nous sommes les dispensateurs de la vérité religieuse et des sacrements qui donnent la force de la pratiquer... »

Et « au lieu d'utiliser la première des influences, nous l'avons compromise en ne songeant pas à notre sanctification, en nous mêlant à la lutte des partis ? »

Oseriez-vous le dire ?

« Sanctifions-nous ! voilà notre grande influence et la source du salut des peuples. »

Le peuple de France est de plus en plus empoisonné d'irréligion ; cela vient-il de ce que vos confrères en général ont oublié le devoir de leur propre sanctification ?

Cela vient-il de ce que les prêtres en général ont cessé d'être le sel de la terre, de pratiquer de plus en plus les vertus sacerdotales ? N'ont-ils pas cherché « à faire bien leurs prônes, leurs catéchismes? »

Oseriez-vous dire qu'ils se sont compromis dans la lutte des partis ?

Quel est donc celui des nôtres qui « a troublé, compromis, désorienté? »

Seriez-vous le seul prêtre, avec votre ancien vicaire, à « aimer chrétiennement, à dire la vérité religieuse avec cette suavité et cette force qui d'ordinaire non seulement ne blesse pas, mais charme jusqu'aux plus hostiles à son action? »

Seriez-vous les seuls, tous deux, à vous donner à « tous vos paroissiens, surtout aux pécheurs, aux malades, aux enfants et aux pauvres? »

Ne furent-ils pas tous les hommes de Dieu « ne cherchant qu'à renverser un gouvernement, celui de Satan, et à fonder un royaume, celui de Notre-Seigneur? »

Vous serez bien obligé de convenir que ce que vous recommandez comme un remède souverainement efficace est dans la pratique commune, ordinaire de tout le clergé de France.

Comment alors « le suffrage universel combat-il d'ordinaire nos idées qui sont cependant celles de la France ? »

Comment « malgré tous nos éléments d'influence » mis en action par un clergé selon le cœur de Dieu, comment après quinze ans de cette action que vous appelez « la véritable action électorale du clergé, » après quinze ans de cette manière de lutter contre « l'esprit révolutionnaire, » faut-il reconnaître, avec le vénérable Archevêque de Paris, qu'il « s'agit de savoir si la France restera chrétienne ou cessera de l'être? »

Depuis quinze ans, comme le dit le Souverain-Pontife, « les chefs politiques tiennent pour nulle la puissance sacrée de l'Église ou bien affectent la prétention de se l'assujettir. De là les luttes, et pour la vertu des occasions de faire preuve de valeur[1]. » On a lutté, on a donné des preuves de valeur « en éclairant, en édifiant, en priant. »

Préoccupés de la parole divine, « nul ne peut servir deux maîtres : plaire à l'un, c'est mépriser l'au-

1. *Encycl.*

tre, » la plupart des prêtres ont cru avec Léon XIII que l'hésitation n'est pas permise. Ils ont bien pris garde « de ne blesser personne. »

Mais les malheureux ! ils devaient aller plus loin. La France serait sauvée si, comme vous et votre ancien vicaire, ils avaient eu souci de voir leur conduite approuvée de tous.

La France serait sauvée si, comme vous et votre ancien vicaire, ils avaient eu souci de forcer l'admiration du franc-maçon, voire même du musulman.

Comme vous avez dû gémir de cela, cher Confrère ! Vous avez dû trouver aussi bien bons et bien charitables nos gouvernants de ce qu'ils n'avaient pas encore exercé « les terribles représailles » dont vous parlez !

Quoi ! quelques prêtres à peine avec vous ont eu souci d'être « approuvés de tous, admirés des francs-maçons... » et les chrétiens n'ont pas « déserté nos églises ! »

Que n'avez-vous divulgué plus tôt votre secret ? Que n'avez-vous plus tôt fait connaître les heureux résultats de votre vieille expérience ?

Trop modeste pour citer votre propre exemple, vous nous donnez comme un parfait modèle votre ancien vicaire, « votre enfant, » qui, « aidé de la grâce, ne combat que le péché, ne soutient que la vertu, qui n'a jamais dit pour qui il votait, mais tous le devinent et la plupart votent comme lui. »

Heureux père! heureux enfant!... Dites-nous donc où vous demeurez afin que nous puissions contempler, de nos yeux, les merveilles que vous opérez tous deux, « aidés de la grâce. »

J'ai, pour ma part, connu dans un poste important un curé appliquant ce programme. Ce n'était pas votre ancien vicaire puisqu'il vivait loin de votre diocèse.

Il se donnait à tous ses paroissiens, surtout aux pécheurs... Dieu seul et le diable ont pu compter les poignées de mains qu'il donna aux francs-maçons. Il avait surtout à cœur la conversion du préfet, âme damnée s'il en fut. Il poussa la charité jusqu'à dîner chez ce magistrat le soir même du jour où il avait, *manu militari*, expulsé des religieux de leur couvent établi sur sa paroisse.

Sa parole ne blessa jamais personne que les amateurs de beau langage. Je doute que sa doctrine ait obligé les francs-maçons à l'admirer; jamais elle ne les irrita.

Il ne dit jamais pour qui il votait. Ses paroissiens le devinaient-ils? Je l'ignore. Ils votaient en général pour le candidat franc-maçon.

Le curé dont je parle avait une suprême délicatesse. Fut-elle aussi la vôtre?

De peur que « les parents et les amis d'un candidat

vaincu ne devinssent les ennemis de l'Église, » lui, prêtre, portait ses félicitations au candidat vainqueur, ses condoléances au candidat vaincu, fussent-ils francs-maçons ou catholiques.

Parmi ses confrères et les chrétiens qui ne savaient pas, comme lui, « rester sur les sommets, » les uns disaient : « C'est un ambitieux; » les autres : « C'est un imbécile. »

Vous en conviendrez, les uns et les autres avaient raison.

## VIII.

Vous êtes-vous demandé ce qui adviendrait dans un diocèse où l'administration épiscopale suivrait votre méthode d'action ?

Ainsi que l'écrivait naguère dans un journal un curé de votre diocèse, bientôt les francs-maçons s'en prévaudraient, les autres s'en étonneraient, s'en scandaliseraient même, et les meilleurs du clergé garderaient un respectueux silence.

Les représentants officiels « d'un pouvoir qui déclare cyniquement la guerre à l'Église[1] » se féliciteraient de cette prudence épiscopale « trop docile parce

---

1. Debout ! Pressant appel au clergé.

qu'elle leur épargnerait les embarras qui naissent du zèle et de l'activité catholiques[1]. » Ils chercheraient, d'autre part, à en tirer le plus de profit possible.

Or, je vous le demande, comment ne tomberaient-ils pas dans leurs pièges ceux qui, loin de les vouloir éviter, voudraient, au contraire, chercher à plaire à « ces maîtres de mensonges qui promettent la liberté tandis qu'eux-mêmes sont les esclaves de la corruption[2]? »

Dans une administration diocésaine s'inspirant de votre programme il ne saurait être question de résistance, puisqu'il n'en est pas question dans votre brochure.

Toute protestation y serait mauvaise, parce qu'on y serait convaincu comme vous que « le bien ne fait pas de bruit et le bruit ne fait pas de bien. »

On y verrait avec plaisir un prêtre s'exposer, par charité, aux balles comme « Mgr Affre et le clergé de Fourmies. » On y verrait avec peine ce même prêtre tenir tête à un instituteur laïque, à un maire scandaleux : ne faut-il pas éviter les conflits... les affaires? — On y recommanderait de faire le bien sans bruit, à l'exemple de saint François de Sales et de saint Vincent de Paul, à l'heure même où le Souverain-Pontife recommande aux Evêques de rappeler aux fidèles,

---

1. Mgr d'Hulst.
2. *Encycl.*

par la parole et par l'exemple que « les chrétiens
sont nés pour le combat..., que chacun est tenu de
manifester publiquement sa foi soit pour instruire et
encourager les autres fidèles, soit pour repousser les
attaques des adversaires [1]. »

Telle que vous l'entendez, l'action de l'évêque
dans son diocèse serait donc absolument délétère...
Pratiquée « aussi ardente que possible » elle serait
« une honteuse défaillance [2]. »

Le Pontife des Pontifes serait en droit d'écrire à ce
nouvel ange de Tyatire : « J'ai quelque chose contre
toi, c'est que tu permets que Jézabel, cette femme qui
se dit prophétesse, enseigne et séduise mes serviteurs,
leur faisant commettre la fornication et manger des
viandes immolées aux idoles [3]. »

Heureusement pour l'Église de France, nos évêques
reçoivent d'autres inspirations que celles de vos
écrits ou des miens.

1. *Encycl.*
2. M<sup>gr</sup> d'Hulst.
3. Apocalypse, II, 20.

## IX.

En terminant, je dirai avec vous, cher Confrère : *Sursum corda!*

Les hommes autour de nous « cherchent vainement la vérité..., se croient sages lorsqu'ils appellent mal le bien et bien le mal, lorsqu'ils mettent les ténèbres à la place de la lumière[1]. » Je crois qu'il est de notre devoir de chercher par tous les moyens possibles à faire pénétrer la lumière à la place des ténèbres.

Or, ce serait avoir le cœur *bien bas* que de vouloir laisser plus longtemps les fidèles dans l'ignorance de leurs devoirs. « Ce serait reculer devant l'ennemi et garder le silence ; ce serait le fait d'un homme sans caractère ; ce serait une conduite honteuse[2] » que de laisser plus longtemps les fidèles dans l'ignorance de leurs devoirs de conscience au point de vue électoral.

Vous ne voulez pas que nous essayons « de recommander nos candidats en particulier et en public, et d'accentuer aux yeux de tous nos préférences et nos antipathies ? »

---

1. Isaïe, v, 20. — *Encycl.*
2. *Encycl.*

« Le devoir de l'Église » et par conséquent des prêtres ses ministres « est de favoriser ceux qui ont de saines idées sur les rapports de l'Église et de l'État... L'on doit soutenir les hommes d'une probité reconnue et qui promettent de bien mériter de la cause catholique. »

Voilà ce que veut Léon XIII.

Avec vous je dirai : *Veritas liberavit vos.* La vérité, nous la devons aux francs-maçons eux-mêmes. N'ont-ils pas des âmes rachetées au prix du sang de Jésus-Christ ? Pourquoi ne songer qu'à leur plaire quand notre devoir est de les éclairer en leur résistant ? Ce serait, je crois, aimer bien peu la vérité que de continuer à tenir sa divine lumière sous le boisseau, de peur de voir blâmer notre « fermeté d'attitude dans le choix entre les devoirs contradictoires et la voir traiter de sédition[1]. »

Avec vous je dirai : *Quærite primum regnum Dei et justitiam ejus et hæc omnia adjicientur vobis.* Mais je n'accepte pas, je repousse au contraire énergiquement votre traduction : « Avant tout, soyez catholiques... » Vous vous adressez à des prêtres : donc cela ne suffit pas.

Les prêtres doivent chercher le royaume de Dieu

___

1. *Encycl.*

« en répandant leurs larmes dans la prière et leur sang dans le combat[1]. »

Or, je crois fermement qu'à l'heure qu'il est, ce serait vouloir servir deux maîtres ; vouloir « se soustraire à l'obéissance due à Dieu pour plaire aux hommes ; enfreindre les lois de Jésus-Christ pour obéir aux magistrats[2] » que de tenir une conduite, prêcher une doctrine qui puisse être « approuvée de tous, admirée d'un franc-maçon, même d'un musulman. »

Je crois, si l'on veut vraiment chercher avant tout le royaume de Dieu et sa justice, que nous sommes à l'heure où il faut parler et agir sans peur « des représailles », car Dieu « ne nous a pas donné l'esprit de crainte[3]. »

1. Elie Redon, *Clergé et Politique.*
2. *Encycl.*
3. II Tim., I, 7.

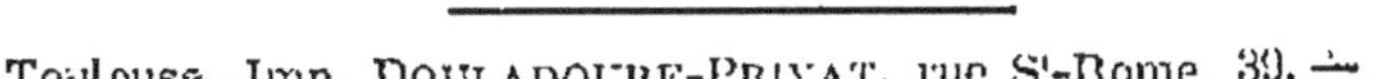

Toulouse. Imp. DOULADOURE-PRIVAT, rue S¹-Rome, 39.